NUITS ENCEINTES

NEIGE BERHAULT

NUITS ENCEINTES

Flammes de l'Ouest

En hommage à Toutes Celles des Treize Lunes

Elle est partie par un matin d'hiver
Porteuse d'un message de lumière
Qu'avec tendresse autour des Feux Sacrés
Les Treize Anciennes lui avaient confié.

Aux pays froids hostile fut la route,
Tellement lourd le vieux fardeau du doute,
Les jugements qui font se croire indigne,
Ainsi le cœur à la fin se résigne.

Mais dans le soir mille flocons de neige
Ont murmuré leurs puissants sortilèges,
Et dans leurs voix l'écho a résonné
Des Jours Anciens de la Sororité.

Elle a repris l'élan de son voyage
Pour aborder vers de nouveaux rivages,
Et une à une, à l'appel de leur Nom
Elles sont venues de tous les horizons.

Tenir conseil autour du Feu Sacré,
Guérir les plaies des guerres du passé,
Danser de joie au Royaume Intérieur,
Et retisser l'amour entre les Sœurs.

Elles ont goûté à la force puissante
A des trésors de Sagesse vivante,
Leçons de vie qui ouvrent des passages
Chemins du cœur, sentiers des Femmes Sages.

Quand est venu le temps du Renouveau,
Elles ont pris le lumineux Flambeau,
Sont reparties aux Quatre Directions
Offrir aux Vents l'or pur de leurs Visions.

Porter l'appel de l'Ancienne Sagesse,
Semer des graines d'infinie Tendresse,
Et les pieds nus sur la Terre Sacrée,
Chérir la Vie, aimer et célébrer.

Elle est restée sous le ciel étoilé,
Assise seule au grand vent de l'été,
Avec au cœur le murmure d'un chant
De Gratitude à tout être vivant.

Vent qui parle à toutes ses relations

Sur les ailes du vent l'oiseau prend son envol
Voyageur silencieux des mondes invisibles
Quand résonne l'appel dans les chansons d'Eole
A rallier les confins de ciels imperceptibles.

Dans l'étreinte du vent l'arbre se fait paroles,
Bruissement mystérieux des feuillages sensibles.
Murmurent dans les branches maintes paraboles
D'un pays oublié aux rivages paisibles.

Dans la force du vent la flamme qui s'étiole
Renait de ses cendres et danse, indestructible.
Scintillent dans la nuit des milliers de lucioles
Eclairant sous nos pas d'autres chemins possibles.

Otter Lutra Femina

O peuple des loutres

Immobile au soleil brûlant
Dans la rumeur grondante où le torrent m'enlace,
Mes rêves dérivent en murmurant
Frissonnant sous les ailes de l'instant qui passe.

Les voix mêlées dans l'eau
Chuchotent à l'oreille une étrange musique.
Les entrelacs de l'eau
Esquissent lentement leurs chemins hypnotiques.

Glissant en eau profonde,
La caresse est douce, la vague est pure soie,
L'écume vagabonde
Offre à mon errance d'énigmatiques voies.

La lune au ciel de nuit
Effleure mon corps de lueurs iridescentes.
Sur le rocher reluit
Ma fourrure moirée, lustrée d'une eau brillante.

Arantèle

En chemin avec Grand-mère Araignée

Tisse la toile de tes jours,
La spirale de tes amours,
De l'aube au soir à petits points,
Brode la trame un peu plus loin.

Lance tes fils aux quatre vents
Voyage aux treize directions,
Funambule qui va rêvant
Aux frontières des perceptions.

Bien des chemins rallient le cœur
En confluence entrelacée
Des mille mailles de tes heures
Où l'infini vient s'incarner.

Sons du silence

La hulotte chante sa magie dans les bois,
Le vent s'est installé dans les branches des chênes,
La Voie Lactée rayonne la paix de ses feux,
Je me tourne vers l'ouest et j'accueille la nuit.

L'oiseau chanteur annonce l'approche de l'aube,
Le vent de terre se lève à travers les prés,
Le matin déverse sa fraîcheur argentée,
Je me tourne vers l'est et j'accueille le jour.

Les oiseaux se sont tus quand est venu midi,
Pas un seul souffle d'air n'anime les grands arbres,
La lumière vibrante vient tout revêtir,
Je retourne en moi-même et j'accueille la vie.

Célébration

Le parfum des tilleuls au bord de la rivière,
Invitation vibrante à célébrer l'été.
Hirondelles en vol, flèches dans la lumière,
Cœur empreint de douceur, étreinte de beauté.

Ode à l'été

Sur la plage de galets
Nous avons joué,
Recherché de belles pierres
Pour les rassembler.

Sur la plage de galets
Nous avons sculpté,
Pour l'esprit de la rivière
Un don spiralé.

Sur la plage de galets
Nous avons douté,
Craint que l'offrande à la Terre
Ne soit disloquée.

A la plage de galets
Sommes retournées,
Et la rive toute entière
Etait magnifiée,

De sculptures de galets,
Chemins torsadés,
Jeux de mains, jeux de lumière,
En ode à l'été.

Là où finit la terre

La vague vole en éclats d'écume,
Où, la terre ? Où, la brume ?
Reflets d'argent à l'infini,
Trouée turquoise, là-bas…

Fracas paisible de la houle,
Vagues de vent qui se déroulent
Rires de mouette en litanies
L'appel d'un bateau, là-bas …

Ferme douceur du sable fin,
Exquise ivresse de parfums,
Saveurs de sel en symphonies,
Le cœur de la vie, qui bat ….

Le Murmure de l'infini

Je suis le murmure de l'infini
Qui vient te parler au cœur de l'oreille,
Je suis la chanson des sources de vie,
Que la brise souffle au jour qui s'éveille.

Je t'emmènerai dans le temps du rêve
Où lune et soleil s'épousent sans fin,
Nourrissant ton cœur de puissantes sèves
D'où pourront jaillir d'autres lendemains.

Nuits enceintes

Au centre
Est le vide.

Au centre
Est le tout.

Dans le silence immobile
Sont en devenir
Nos chemins magiques

Croissent en puissance
Nos rêves sacrés.

Mystères de l'obscurité profonde
Qui enfante des soleils.

Dead of night

La très petite est morte entre les mains de l'ogre
Et la nuit bienveillante est devenue terreur.
Au berceau de sa vie l'invasion de l'opprobre
A détruit la confiance et semé la rancœur.

Et pendant que les grands, debout aux barricades,
Défient le monde ancien, abattent ses statues,
La très petite meurt d'une lente noyade
Aux bras compatissants d'un ange entraperçu.

Souvenirs oubliés au plus noir de la cave,
Cadavre de l'enfant si longtemps disparu.
Derrière un masque fier et des sourires braves
La petite clé saigne, attendant d'être vue.

Clair de terre

Je suis la femme sage
Assassinée sur un bûcher.

Je suis l'enfant
Que les couteaux ont excisée.

La jeune fille
Pour les pourceaux prostituée.

Je suis la femme
Impunément violée.

Je suis l'amante
A coups de pierres lapidée.

Je suis l'artiste
Dont le génie est méprisé.

Et toutes celles
Que les carcans ont étouffées.

Je suis toutes et je suis une
La rage au cœur, les poings serrés,
Et j'ai invoqué la lune
Pour qu'elle m'aide à me lever.

Soror

Toi ma sœur inconnue
Aux millions de visages
Passante de ma rue
Ou d'autres paysages,

Je sais ton corps violé
Et tes larmes amères
Ton âme massacrée
Par des hommes en guerre.

La honte qui tourmente
Les nuits de désespoir
Les empreintes violentes
Qui rongent dans le noir.

Avec toi je me tiens
La nuit en sentinelle
Face au jour qui s'en vient
Pour nous offrir ses ailes.

Et nos poings desserrés
Ouvrent aux guérisons
Des chemins esquissés
Prémices d'horizon.

A tes côtés ma sœur
Je demeure en silence
Et j'écoute nos cœurs
Où la vie recommence.

L'arme

L'arme posée
Larmes perlées
Source
Douce
Amère
A mer
A Mère

Entre deux eaux

Veille et sommeil
Entre deux eaux,
Lune et soleil
Deux cœurs jumeaux.

Dérives douces
Paupières closes
Impressions sources
Des mots se posent.

Entre deux mondes
Ici, là-bas,
Forces profondes,
Mon cœur qui bat.

Lune d'automne

J'ai contemplé les reflets de la lune d'automne
Sur les eaux paisibles au fond de mon cœur.

J'y ai vu les éclats brisés de mon enfance morte.

Et j'ai trouvé la perle que j'avais tant cherchée,
Née de chaque larme et de chaque pas,
Sur le long chemin qui m'amène à moi.

Eclosions

Le murmure de nos éclosions,
Sans plus rien
Qui les retient.

J'ai revêtu ma robe d'étoiles
Pour aller aux sentiers de l'aube,
Célébrer la blancheur des clartés du matin.

Là, maints fracas viennent se briser,
Disparaissent,
Se dissolvent dans
Le murmure de nos éclosions.

Réveil

Quand la blancheur glacée de ce matin d'automne
M'a jetée frissonnante aux sentiers de forêt
La course de mon sang qui s'élance et bouillonne
A ri de réveiller mes rêves à l'arrêt.

Qui vive ?

Debout sur la montagne aux rivières des vents,
Chevelure voilure vogue librement,
Savoure l'allégresse de vouloirs ardents.

Réveil, réveil !

Levons-nous et courons,
Courons aux lueurs de la nuit,
Courons dans l'élan de midi.

Qui vive, qui vive ?

Elle s'en vient,
La force rouge et bouillonnante de la vie...

Naissance d'un monde

Le monde est né d'un œuf.

Le monde naît dans un œuf,
Dans chaque instant comme un ventre rond,
Plein, lisse et chaud comme un œuf.

Ligne épurée,
L'ovale parfait, ellipse absolue
Du monde qui s'éveille dans cet œuf.

Et quelle fêlure advient soudain ?
Quelle genèse vient briser
Cette perfection close,
Quelle infime vie dans l'infini de la vie ?

Et toi mon cœur, quelle vie te fêle,
Quelle ardeur t'ouvre de l'intérieur,
Pour devenir, advenir à quoi ?

A quel monde plein, chaud, lisse et rond,
Dans l'infime infini de la vie ?

Passage

Un pas puis un autre aux degrés de bois,
Son regard s'élance au-dessus des toits,
Ascension légère, hélice infinie,
Robes de lumière, âme en harmonie.

Exquise arrivée par-delà le temps,
Château dans le ciel vogue au gré des vents,
Salle immense et claire aux murs amicaux,
Meublée de lumière et peuplée d'échos.

Sous ses pieds les dalles se désagrègent,
S'évaporent en nuages de neige
Et tout s'évanouit ! Ainsi le voyage
Ailleurs se poursuit et trouve un passage.

Ancré dans la terre un arbre-maison,
Entre sol et ciel offre son cocon,
Au giron des branches pour se lover,
Au creux du silence pour contempler.

Ainsi s'est tissée une chambre haute
Où nos cœurs aimants vivent côte à côte,
Prennent soin de leurs jardins d'éclosions,
Goûtent chaque instant en sa profusion.

Douce douleur d'être

Comment te dirai-je la douce douleur d'être,
Ce sentir de l'exil qui revient, murmurant,
Réveiller mes songes avant de disparaitre
Souvenir d'un foyer bien au-delà du temps.

Comment te dirai-je la joie étrange d'être,
Quand l'horloge allège son emprise un moment,
Le présent s'éternise et s'ouvre une fenêtre
Où se glisse sans bruit un ange au cœur patient.

Comment te dirai-je la pure extase d'être,
Quand l'infini s'invite au détour de l'instant,
Le ventre de la vie est lourd d'un rêve à naître,
Et frémit de la force d'un puissant printemps.

Rayons d'or

Cœur habité de souples rayons d'or
En abandon aux bras de l'eau qui dort,
Germe au jardin du silence fertile,
Tel une étoile à la danse immobile.

Cœur habité de souples rayons d'or,
Le matin revient, lumineuse aurore.
Déploie au vent les ailes du désir,
Entre en matière, il est temps d'advenir !

Cœur habité de souples rayons d'or,
Lumière incarnée aux chemins du corps,
Explore en dansant les mondes sensibles,
Goûte à la joie des éclosions possibles.

Cœur habité de souples rayons d'or…

Table des matières

Flammes de l'Ouest	5
Vent qui parle à toutes ses relations	7
Otter Lutra Femina	9
Arantèle	11
Sons du silence	13
Célébration	15
Ode à l'été	17
Là où finit la terre	19
Le Murmure de l'infini	21
Nuits enceintes	23
Dead of night	25
Clair de terre	27
Soror	29
L'arme	31

Entre deux eaux	33
Lune d'automne	35
Eclosions	37
Réveil	39
Qui vive ?	41
Naissance d'un monde	43
Passage	45
Douce douleur d'être	47
Rayons d'or	49

Découvrez l'univers de Neige Berhault

www.neigeberhault.com

Illustration et conception graphique de la couverture :
mllevalentine.fr
© 2020, Neige Berhault
Édition : BoD – Books on Demand
12/14 rond-point des Champs-Élysées, 75008 Paris
Impression : Books on Demand GmbH, Norderstedt,
Allemagne
ISBN : 978-2-3222-3332-8
Dépôt légal : août 2020